B. FRAY M.ª RAFAEL

Monje Trapense

AF174641

VIA CRUCIS

PS EDITORIAL. Covarrubias, 19. 28010-MADRID
Tel.: 91 445 51 26 - Fax: 91 445 51 27

NIHIL OBSTAT: LIC. EDUARDO IZQUIERDO. Censor.—IM-PRIMATUR: LIC. GUILLERMO A. GUTIÉRREZ. Vic. gralis. Palentiae, 4 Martii 1963.

Portada: *Santísimo Cristo del Perdón*, talla de Víctor de los Ríos. Capilla de los Ejercitantes. Abadía Cisterciense de San Isidro de Dueñas.

Las breves introducciones a cada estación son del monje trapense que ha formado este Vía Crucis con textos de los escritos de fray M.ª Rafael.

Quinta edición

ISBN: 84-284-0269-8

Depósito legal: M. 4.643-1999

Imprenta Fareso, S. A. Paseo de la Dirección, 5
28039 Madrid

FRAY MARIA RAFAEL ARNAIZ BARON, joven monje trapense, no escribió un Via-Crucis.

Vivió el Via-Crucis.

Sus tres años incompletos bajo el santo hábito del Císter, de la estrecha observancia en San Isidro de Dueñas, fueron un auténtico Via-Crucis para él...

Recorrió todas las estaciones de la vía dolorosa siguiendo a Jesús de cerca con su pesada cruz diaria y en compañía de María de los Dolores...

Rafael *hizo* en la Trapa el Via-Crucis, sufriendo la Pasión en su carne y en su alma...

Rafael *sintió* el Via-Crucis en la Trapa, amando la Pasión con todo su corazón...

Rafael *pregonó* desde la Trapa el Via-Crucis..., único medio de santidad y salvación.

Sus gemidos, sus suspiros, sus súplicas en el duro camino de su cruz, no se han perdido; ahí están en sus escritos... Gemidos, suspiros y súplicas de un alma enamorada y entregada totalmente a Cristo, que besa y «saborea» la cruz que El le ha puesto sobre sus hombros y que supo llevar alegre y generoso desde su pretorio, hasta su calvario y su sepulcro.

Estos suspiros, gemidos y súplicas pueden ser los de *toda alma* que ha escuchado la llamada del Divino Maestro y quiere ser su fiel discípulo, siguiéndole por el único camino que El recomendó...

... niéguese a sí mismo, coja su cruz y sígame...

* * *

Rafael, artista de alma finísima, en la que llevaba muy impresa la imagen del Crucificado, no nos dejó pintado un Via-Crucis (no sabemos siquiera si lo intentó), pero sí nos ha dejado la cabeza, el rostro de perfil de Jesús paciente en un aparente sencillo dibujo de lápiz, pero de una asombrosa expresión de dulzura, de compasión y de amor... Encerrado ese dibujo en las cuatro líneas escuetas de un cuadro; sólo cambiándole de posición puede hacer volar nuestra imaginación a una representación sublime de las catorce estaciones de la Pasión.

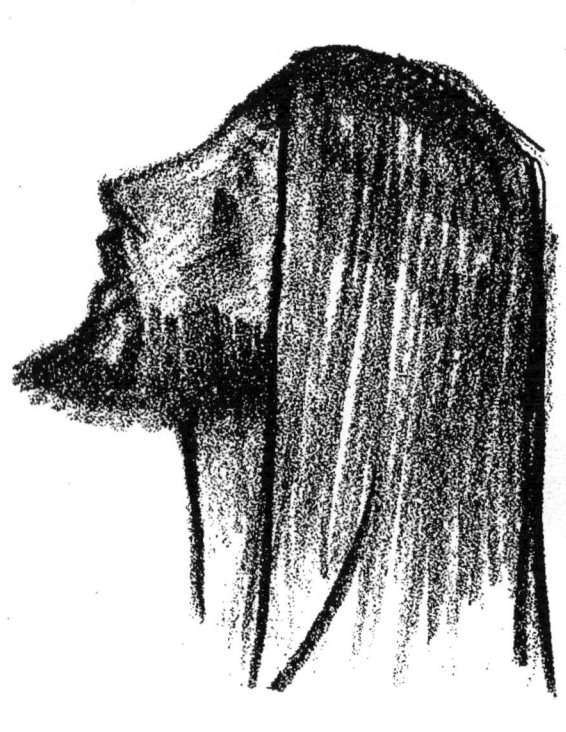

ORACION

(Con el crucifijo entre las manos)

Señor, quisiera amarte como nadie...

Señor, si para amaros necesito cruz, mándamela, pues veo claro que cuanto más cruz tenga, más os amo..., y ya sabéis que amaros es mi única ocupación en la tierra y que cuanto más os ame, más alegría os doy...

¿Queréis purificarme en el sacrificio? ¡Sacrificadme, Señor! ¿Queréis mi sufrimiento? ¡Tomadlo, Señor! ¿Renuncia?... Mi voluntad es tuya... ¿Qué queréis, Señor, de mí? ¡¡Amor!! Eso quisiera poseer a raudales...

Quisiera amarte como nadie... Quisiera morir abrasado en amor y en ansias de Ti... ¡Quisiera dejar de vivir si vivir pudiera sin amarte! ¡Quisiera morir de amor, ya que sólo de amor vivir no puedo!

Déjame [pues] vivir, Señor, al pie de la Cruz... de día, de noche, en el trabajo, en el descanso, en la oración..., siempre..., siempre..., sin pensar en mí, sin nada querer ni desear más que mirar enloquecido la sangre divina que inunda la tierra...

Por eso, Señor, agarrado a tu Cruz con todas mis fuerzas, juntando mis lágrimas a tu sangre..., óyeme, Señor; atiéndeme, no desprecies mis súplicas... Limpia con el agua de tu costado mis pecados enormes, mis faltas, mis ingratitudes; llena mi corazón con tu Sangre divina y sosiega mi alma, que no cesa de clamar: ¡Déjame, Señor, vivir junto a tu Cruz y no permitas que de ella me aparte!

¡María, Madre mía—Virgen de los Dolores—, sé mi ayuda y sé mi guía!

I ESTACION

"Jesús condenado a muerte"

Rostro *compasivo* de Cristo ante la multitud ciega de su pueblo, que a gritos pedía su muerte en la cruz... ¿Rabia? ¿Odio del pecador?... Amor, amor del alma fiel...

I

¡Quién piensa en ser apreciado de los hombres cuando veo a mi Jesús olvidado de sus amigos, despreciado y escupido!...

¡Quién piensa en tener prudencia cuando vemos a Jesús con una capa y un cetro de loco!...

Señor, yo quisiera ser ese loco...

Cristo Jesús, enséñame a padecer... Enséñame esa ciencia que consiste en amar el menosprecio, la injuria, la abyección... Enséñame a padecer con esa alegría humilde y sin gritos de los santos.

El mundo, loco, no escucha... Loco e insensato, vuela embriagado en su propio ruido... No oye a Jesús, que sufre y ama...

Pero Jesús necesita almas que en silencio le escuchen.

Jesús necesita corazones que, olvidándose de sí mismos y lejos del mundo, adoren y amen con frenesí y con locura su corazón dolorido y desgarrado por tanto olvido.

Jesús mío, dulce Dueño de mis amores, toma el mío; a tus pies lo pongo... Está junto al de María; Jesús mío, tómalo... Enséñale tus heridas... Enséñale tus dolores y tus amarguras, enséñale tus tesoros, para que aprenda a despreciar el mundo y todo lo que no seas Tú... Enséñale el amor... Ponle junto a tu Corazón para que de una vez se embriague de tus delicias y se empape en tu purísima Divinidad.

Virgen María..., no sé lo que digo, no sé lo que pido, no sé lo que siento... Tú, Virgen María, Madre mía, que ves los anhelos de tus hijos, sabrás comprender. Ya sé que es mucho lo que pido, pues lo pido todo... Yo, Señora, te ofrezco algo que no puedes desechar, algo por medio de lo cual tienes que oírme, algo que hace abrirse los cielos y que el mismo Padre mira complacido... Es, Señora, la Pasión de Cristo, tu Hijo...

II ESTACION

"Jesús carga con la Cruz"

Rostro *anhelante* de Cristo viendo por vez primera el instrumento de salvación del mundo.

Cruz labrada por mis pecados... Cruz tantas veces rehusada y despreciada... Abracémonos a la Cruz... Amemos la Cruz.

II

¡Ah!, la locura de la Cruz... ¡Quién la tuviera!

¡Señor, quisiera amar con locura tu Cruz; no permitas que de ella me aparte!...

He aquí mi vida: sufrir, padecer, amar con frenesí *todo* lo que Dios en su infinita bondad quiera enviarme... El es el que lo hace..., y si El me envía el consuelo, El también me envía el dolor... ¿Cómo no amar al que todo lo hace por nuestra salud? ¿Cómo no volverse loco de alegría al ver que es Dios quien nos envía la cruz? ¿Cómo no adorar hasta morir a esa bendita cruz, que es nuestra única salud, resurrección y vida?...

Me envía una cruz y me acerca a la suya..., y así sólo esperar..., esperar con fe, con amor... ¡Qué dulce y tranquilo es el sufrimiento pasado en compañía de Jesús!...

¡Ah! ¡Buen Jesús..., si los hombres supieran lo que es amarte en la Cruz!... ¡Si los hombres sospecharan lo que es renunciar a todo por Ti!...

¡Cuánta alegría vivir sin voluntad! ¡Qué tesoro tan grande es el no ser nada ni nadie..., el último!... ¡Qué tesoro tan grande es la cruz... y qué bien se vive abrazado a ella!...

¡Ah! Si Dios permitiera que yo no le ofendiera... —y siempre lo hago cuando de su Cruz me aparto—, ¡qué feliz sería yo entonces!

Haz conmigo lo que quieras, buen Jesús..., y no te importen mis desconsuelos y mis desolaciones...

En el amor a la Cruz he encontrado la verdadera felicidad, y soy feliz, absolutamente feliz, cuando me abrazo a la Cruz ensangrentada y veo que Jesús me quiere, y que María también me quiere, a pesar de mis miserias, de mis negligencias, de mis pecados.

Pero yo no tengo importancia...

¡Sólo Dios!

9

III ESTACION

1.ª Caída de Jesús

Rostro *fatigado* de Cristo, besando por vez primera la
El cae para levantarme a mí, que *le busco* cansado y
tierra...
fatigado...

10

III

¡Qué cansado estoy, Señor y Dios mío!

¿Hasta cuándo?...

En medio de mi deseo de cielo y de amor a Jesús arrastro mi vida, que el mundo aún sujeta...

Mi alma sufre de verse privada de tus amores, sufre de verse en el encierro de este cuerpo miserable... Ten misericordia de mí... ¡Pobre alma que sufre mal de amores y aún tiene que vivir!

Tú que conoces mi corazón hasta el fondo, puedes comprender... Los hombres, no... Pero no me importa; sigan ellos con sus preocupaciones, sus vanidades... Yo, Señor, nada quiero, nada me importa... Sólo Tú..., a quien adoro, a quien amo sobre todas las cosas, por quien suspiro, peno y lloro...

Comprende, Jesús mío, que con lo que Tú me quieres y con lo que yo te quiero es muy penoso vivir así... Tú tienes la culpa, mi Dios... ¡Si no me quisieras tanto!...

Tengo dentro de mí, como ves, *todo eso*, y así no me es posible vivir; te lo digo en serio, Señor...

Pero perdona mi atrevimiento... ¿Quién soy yo para atreverme a tanto?... No sé... El ignorante se atreve a todo, y yo ignoro muchas veces lo que soy y lo que he sido... Ilumina mis tinieblas para conocerme mejor y ver a la luz que Tú me envíes mis miserias, mis pecados, *mis enormidades*, que aún necesito llorar largo tiempo aquí en la tierra...

No me hagas caso hasta que esté limpio... Envíame tu luz para comprender; la santa compunción para llorar; la fe para sólo en ella confiar; la esperanza para sostener mis flaquezas..., y por encima de todo —dominándolo todo—, lléname, Señor, de tu inmensa caridad, que me desborde, me inunde en las delicias de tu amor sin límites...

¡María, Madre mía, sé mi ayuda y sé mi guía!

Así sea.

11

IV ESTACION

El encuentro de Jesús con la Santísima Virgen

Rostro *atribulado* de Cristo al encontrarse con el rostro angustiado de su Madre...

Por mí se encontraron... Para mí se encontraron... Amor a María, confianza sin límites en María...

12

IV

¡Virgen María, Madre de los Dolores! Cuando mires a tu Hijo ensangrentado..., déjame a mí que humildemente recoja tu inmenso dolor y déjame que, aunque indigno, enjugue tus lágrimas...

¡Qué grande es Dios, qué dulce es María!... Dios, tan bueno conmigo... En el silencio me habla al corazón, me va enseñando poco a poco—quizá con lágrimas siempre con cruz—a desprenderme de las criaturas, a no buscar la perfección más que en El... A mostrarme a María y decirme: He aquí la única criatura perfecta... En Ella encontrarás el amor y la caridad que no encontrarás en los hombres...

¡Cómo es posible vivir sin amor a María!... Honrando a la Virgen, amamos más a Jesús; poniéndonos bajo su manto, comprenderemos mejor la misericordia divina; invocando su nombre, parece que todo se suaviza, y poniéndola como intercesora, ¿qué no hemos de conseguir de su Hijo Jesús?

¡Virgen María!, dile a Jesús que me perdone; El lo hará, bendita Madre, si Tú se lo pides...

¡Virgen María!, dile a Jesús que quisiera volverme loco y hacer locuras por su amor... No me importan las criaturas si éstas no me llevan a Dios... No quiero libertad que a Dios no me conduzca... No quiero consuelos, gozos ni placeres... Sólo quiero la soledad con Jesús, el amor a la Cruz y las lágrimas de la penitencia...

Señora, te ofrezco, para que Tú se la presentes a Jesús, toda mi voluntad y sumisión a los divinos deseos de tu Hijo. Recíbelo todo, Madre mía, a pesar de ir a tus manos no con toda la pureza que yo quisiera; pero, mira, Señora, no la ofrenda en sí, que nada vale, sino mi intención, que bien quisiera fuera de tu agrado. Así sea.

13

V ESTACION

Jesús ayudado por el Cirineo

Rostro *agradecido* de Cristo hacia el que comparte con El el duro peso de la Cruz.

¿Me llamas? ¿Me pides que te ayude? ¿Quieres que te sirva?... Cuenta conmigo... ¡Qué feliz ser tu Cirineo!...

14

V

Señor, déjame llevar tu Cruz...

¡Quién me diera sufrir junto a tu Cruz para aliviar tu dolor!...

(Note la Cruz sobre mis hombros...)

¡Qué grande es Dios!... Cómo no amarle..., cómo no amarle...

¡Con qué delicadeza toca los corazones..., con qué suavidad nos hace ver su voluntad, nos enseña sus caminos..., cuánta dulzura tiene en la voz el dulce Nazareno cuando dice: «Sígueme»!...

En su divino rostro todo es paz; hay algo en El que hace olvidar el dolor; el alma se inunda de luz; ya no hay oscuridad ni silencio que haga temblar; todo lo que nos rodea es mezquino, quien piensa en ello... Cuando se ha comprendido lo que es ese «sígueme» de Jesús, quisiera uno morir.

Descubre un velo, y en mis tinieblas considero a Jesús dulce, tranquilo... Me enseña sus llagas, me muestra lo que El amó al mundo, lo que El me quiere a mí...

¡Cruz de Jesús!... Un tesoro que por nada ni por nadie cambiaría... Esa Cruz que es mi único descanso... ¡Cómo explicarlo... quien esto no haya sentido, ni remotamente puede sospecharlo lo que es!

¡Oh!, si el mundo supiera lo que es abrazarse de *lleno*, de *veras*, sin *reservas*, con *locura de amor* a la Cruz de Cristo...

¡Alma!..., conténtate con guardar en silencio tus ardores; ama con locura lo que el mundo desprecia porque no conoce; adora en silencio esa Cruz que es tu tesoro, sin que nadie se entere...; sigue tu vida siempre en silencio, amando, adorando y *uniéndote* a la Cruz.

¡Déjame seguir junto a tu Cruz!...

¡Que la Santísima Virgen María me ayude y me acompañe!...

15

VI ESTACION

La Verónica limpia a Jesús

Rostro *sorprendido* de Cristo ante el valor de un alma fiel que por su amor pisotea el respeto humano...

Limpiaré a Jesús, aliviaré a Jesús amándole... por encima de *todo*..., por encima de *todos*...

16

VI

Al ver tus llagas, Señor, sólo un pensamiento domina al alma... Amor..., sí; amor para enjugar tu sudor, amor para endulzar tus heridas, amor para aliviar tanto y tan inmenso dolor...

Quisiera, Señor, amarte como nadie. Quisiera pasar esta vida tocando el suelo *solamente con los pies*, sin detenerme en criatura alguna, con el corazón abrasado en amor divino y mantenido de esperanza...

Lo mismo me da, Señor, el honor que el desprecio... No quisiera, Señor, que nada del mundo me turbara ni nada de las criaturas me quitara la paz...

Tú, buen Jesús, Divino Amado mío, tienes tus delicias... ¡Ah! ¡Señor, qué voy a decir! En el corazón del hombre... yo te brindo el mío.

Déjame hacer en el tuyo mi celda; déjame hacer junto a él mi lecho; déjame vivir solo y desnudo de todo junto a tu Corazón divino y ríame de todo... ¿Me lo concederás?...

Mírame, Señor, postrado a tus pies...

Tengo miedo de pretender más de lo que puedo..., pero mátame si quieres... Toma mi vida, empléala en lo que quieras, abre, taja y raja, despedaza, une y desune... Haz trizas de mí... Haz lo que quieras... Yo nada quiero más que amarte con frenesí, con locura... Adorar tu voluntad, que es la mía; vivir absorto en tu inmensa piedad para conmigo... Veo lo que me quieres; veo lo que soy y sin atreverme ni a mirar al suelo... No sé si reír o llorar... Sólo quiero morirme de amor...

¡Jesús mío, cuánto te quiero a pesar de lo que soy!... Y cuanto peor soy y más miserable, más te quiero... Y te querré siempre y me agarraré a Ti y no te soltaré, y... no sé lo que iba a decir...

¡Virgen María, ayúdame!

VII ESTACION

Segunda caída de Jesús

Rostro *abrumado* de Cristo por el dolor, el cansancio
y la fatiga...
Mis recaídas le hicieron caer de nuevo...
Hoy el peso de mi cruz también me abruma...

VII

Sufro, Señor, Tú lo sabes...
Aunque en momentos de generosidad deseo sufrir
por el mundo entero y me ofrezco a Ti para lo que

Tú quieras..., son tan pocos los momentos en que pienso así..., es tanta la sensualidad de mi carne y la flaqueza de mi espíritu, que ya ves, Señor, cuántas veces desfallezco.

¿Y mi fervor?... ¿Y mis ansias de Dios y desprecio del mundo, dónde están?...

Soy un pobre hombre... Nada soy y nada valgo...

¿Qué se puede esperar del lodo, del barro miserable?

¡Señor, Señor, no tardes..., ayúdame..., mira que mis pies vacilan..., mira que no sé hasta dónde llegaré y quisiera llegar hasta el fin, pero al ver mis pies ensangrentados y con tanto dolor..., ¡resistiré?!...

¿Por qué me dejas, Señor? ¡Qué haré yo sin Ti!... Me da pena verme tan débil... Sufro mucho, Señor... Cuando la tentación aprieta y Tú te escondes..., ¡cómo pesan mis angustias!

Pero... ¡bendita sea tu mano, oh buen Jesús!... Yo te la beso y la adoro, lo mismo cuando con ellas me azotas que cuando me acaricias... ¡Bendita sea tu voluntad!...

¡Dulce penitencia ignorada de los hombres y que hace llorar en silencio y sin que nadie más que Jesús se entere..., que hace arrimarse al alma a Jesús y sólo a El buscar!...

Feliz, mil veces feliz soy cuando a los pies de Cristo, a El y sólo a El le cuento mis cuitas, le ofrezco mis alegrías profundas de verme querido de El, le entrego otras veces mi alma apenada y dolorida al verse tan sola en la tribulación..., y canto y lloro..., y no sé más que pedirle amor..., amor para esperar..., amor para sufrir, amor para gozar..., y nada del mundo me importa, ni los hombres, ni las bestias, ni las tinieblas, ni el sol... Hasta el hombre se me olvida... Quisiera morir abrazado a la Cruz...

Feliz, mil veces feliz, aunque en mi flaqueza me queje algunas veces...

Nada deseo, nada quiero; sólo cumplir mansamente la voluntad de Dios... y subir hasta El en brazos de la Santísima Virgen María. Así sea.

19

VIII ESTACION

Jesús consuela a las santas mujeres

Rostro *enternecido* de Jesús..., que nunca pudo ver llorar sin remediar, consolar y curar...

Llore siempre yo mis ingratitudes, infidelidades y pecados... Llore por no saberle amar como se merece...

VIII

Déjame, Señor, llorar, pero llorar de ver lo poco que puedo hacer por Ti; lo mucho que te he ofendido estando lejos de tu Cruz...

Déjame llorar el olvido en que te tienen los hombres..., aun los buenos...

20

No te importen mis lágrimas ni te detengan a veces mis grandes faltas de *correspondencia* a tu amor... Ya sabes lo que soy y cómo soy.

Pero Tú vienes y me consuelas:...

¿De qué te quejas, hermano? ¡Si tú supieras que cada lágrima derramada por mi amor es un obsequio que hace cantar de alegría a todos los ángeles del cielo!

¿Qué no harás Tú por mí, bendito Jesús?... Dulce eres cuando consuelas..., pero tu verdadero amor nos lo muestras en las tribulaciones y en las pruebas.

Dios mío, Dios mío, enséñame a amar tu Cruz... Comprendo, Señor, que es así como quieres, que es así de la única manera que puedo doblegar a Ti este corazón tan lleno de mundo y tan ocupado en vanidades...

Bendito Jesús cuanto más sufra, más te amaré. Más feliz seré cuanto mayor sea mi dolor. Mayor será mi consuelo cuanto más carezca de él. Cuanto más solo esté, mayor será tu ayuda. Todo lo que Tú quieras seré. Mi vida quisiera que fuera un solo acto de amor..., un suspiro prolongado de ansias de Ti. Quisiera que mi pobre vida fuera una llama en la que se fueran consumiendo por amor todos los sacrificios, todos los dolores, todas las renuncias, todas las soledades.

Quisiera que tu vida fuera mi única regla. Tu amor..., mi único alimento..., mi única razón de vivir.

¡Es tan doloroso quererte amar y no poder!... ¡Ah! Señor, morir o vivir, lo que Tú quieras..., ¡pero por amor!...

Ampárame, Virgen María... Sé mi luz en las tinieblas que me rodean. Guíame en este camino en que ando solo, guiado solamente por mi deseo de amar entrañablemente a tu Hijo.

No me dejes, Madre mía; ya sé que nada soy y nada valgo... Miseria y pecados..., eso es lo único y lo mejor que puedo alegar para que Tú atiendas mi oración.

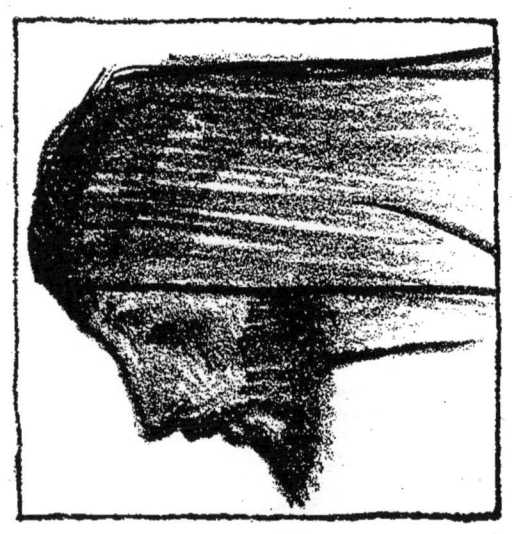

IX ESTACION

Tercera caída de Jesús

Rostro *aplastado* de Cristo sobre el camino de la Cruz en el esfuerzo supremo...

Yo fui el que otra vez te empujé...

Yo, abrazándome a la Cruz, te levantaré... ¡Ayúdame!...

IX

Cada vez me cuesta más, cada vez me pesa más mi cruz, pero cada vez se llena más mi alma de ese ¡solo Dios!

22

Acompañarle en la Cruz cuesta copiosas lágrimas...

Todo es lucha, como dice Kempis...; lucha consigo mismo, con la tribulación, con la tentación... Todo es batalla y dolor, pero en medio está Jesús, que alienta al alma a seguir..., que con rostro sereno nos dice: *El me que sigue, no anda entre tinieblas.*

¡Gran consuelo es tener cruz...; no hay mejor paz que la que proporciona el sufrimiento!

El que todo lo deja, sufre... El que todo lo deja por Dios goza sufriendo.

El que espera con ansia la vida del cielo, el que día y noche suspira por Cristo..., ¿dónde hallará la paz?

Necio es el que mira este mundo y busca en él su descanso... No encontrará paz.

¡Dichoso el que busca la paz en el sacrificio, en el dolor y en la vida penitente; dichoso el que busca la paz en las llagas de Jesús!

Sólo el que a sí mismo renuncia y toma cada día su cruz encontrará lo que busca..., pero no en la tierra, que sólo produce abrojos y espinas, pues aunque es verdad que también en la tierra hay flores..., son flores de tierra que no satisfacen a los amadores de Cristo.

Por tanto, Señor, la paciencia [nos] es muy necesaria.

La paciencia para *esperar* y para sufrir... La paciencia para hallar esa paz verdadera que sólo se halla en la Cruz y en la batalla de la vida...

¡Dame, Señor, esa paciencia que hace de los hombres santos; dame esa paciencia que me es tan necesaria para llevar el peso de las tribulaciones en esta vida que a veces parece tan larga!...

¡Ánimo, hermano..., ni del mundo ni del hombre esperes nada!...

Solo Dios..., solo Dios... Nada deseo fuera de Dios... Que mi vida sea un *fiat* constante... Que la Santísima Virgen María me ayude y me guíe en este breve camino de la vida sobre el mundo.

23

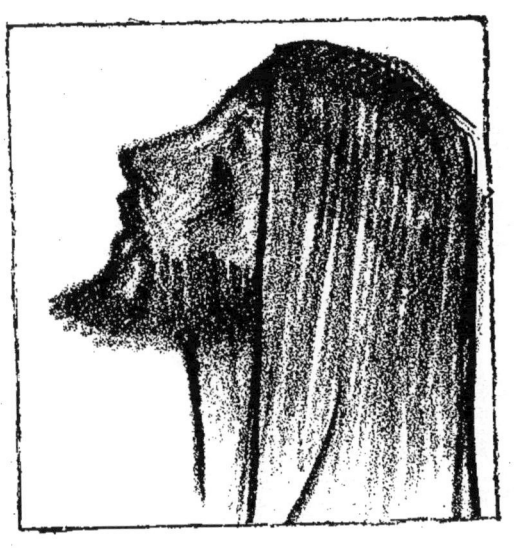

X ESTACION

Jesús despojado de sus vestidos

Rostro *confundido* de Cristo al verse desnudo, despojado y *sin nada*, en el monte Calvario.

Sólo humillado, *sin nada*, despojado y desprendido de todo podré amarte...

X

¡Cristo Jesús! Enséñame a padecer... enséñame esa ciencia que consiste en amar el menosprecio, la injuria, la abyección... Enséñame esa ciencia que Tú desde la cumbre del Calvario muestras al mundo entero.

Mas ya sé... una voz interior, muy suave me lo explica todo... algo que siento en mí, viene de Ti y me descifra tanto misterio que el hombre no puede entender... *es el amor*... en eso está todo... ya lo veo, Señor... no necesito más, no necesito más... *¡es el amor!*

Llena, Señor, mi corazón... llénalo de eso que no me pueden dar los hombres. Mi alma sueña con amores, con cariños puros y sinceros... Sólo a Ti quiero amar. Sólo Tú no defraudas, sólo en Ti se verá la ilusión cumplida.

¡Señor, Dios mío! ¿Qué me interesa *nada* que no seas Tú?

¡Señor, sólo Tú!... *Nada* hay debajo del sol que llene el corazón del hombre, sino Tú!... Y mi corazón está sediento de Ti y te busca como el ciervo las fuentes... Sólo Tú eres lo que debe ocupar mi vida... sólo Tú, llenar mi corazón... sólo Tú, ser mi único pensamiento.

¿Qué importa la salud?... ¿Qué más da el sitio éste o aquél, ser querido o despreciado, ser pobre o ser rico?... Todo eso es *nada*..., no quiero *nada*..., quiero ser *nada* para el mundo.

Yo no me quejo de *nada*, Señor... Sólo quiero hacer tu Voluntad... Sólo pretendo vivir una vida muy sencilla..., muy oculto a los hombres mi amor por Ti..., y esconder a todos el pequeño volcán de mi corazón, que quisiera morir abrazado a la Cruz...

Quiero ser todo vuestro; hasta mis pecados os doy, pues ya es lo último que me queda que sea exclusivamente mío.

¡Ampárame, Virgen María!... Sé mi luz en las tinieblas que me rodean. Guíame en este camino en que ando solo, guiado solamente por mi deseo de amar entrañablemente a tu Hijo.

25

XI ESTACION

Jesús es clavado en la Cruz

Rostro *contraído* de Cristo por el terrible dolor...
Desde el duro madero en el que yo te clavé me enseñas el valor de mi alma..., el valor de la Cruz...

XI

¡Quién tuviera fuerzas de gigante para sufrir!...
¡Qué bien se vive sufriendo..., a tu lado, en tu Cruz..., viendo llorar a María!...
¡Ojalá que los hombres todos amaran la Cruz de Cristo!

¡Ah!, si yo pudiera hablar o gritar en medio de los hombres las sublimidades del amor a la Cruz...

¡Ah!, si yo pudiera decir al mundo dónde está la verdadera felicidad...

Pero el mundo, esto no lo entiende, ni lo puede entender, pues para entender la Cruz hay que amarla, y para amarla hay que sufrir; mas no sólo sufrir, sino amar el sufrimiento... Y en esto, qué pocos, Señor, te siguen al Calvario...

¡Ah, Señor Jesús..., qué feliz soy...; he hallado lo que desea mi alma! No son los hombres, no son las criaturas..., no es la paz, ni es el consuelo...; no es lo que el mundo cree...: es lo que nadie puede sospechar..., es la Cruz...

¡Saborear la Cruz..., saborear la Cruz!...

Vivir enfermo, ignorado, abandonado de todos... Sólo Tú y en la Cruz... Qué dulces son las amarguras, las soledades, las penas devoradas, sorbidas en silencio, sin ayuda... Qué dulces son las lágrimas derramadas junto a tu Cruz...

¡Qué dulce es la Cruz de Jesús!

¡Qué dulce es llorar un poquito nuestras penas y unirlas a la Pasión de Jesús!...

¿Quién se puede quejar de padecer?...

Sólo el insensato que no adore la Pasión de Cristo, la Cruz de Cristo..., puede desesperarse de sus propios dolores... Pero el que de veras ame y sienta lo que es unirse a Jesús en la Cruz, ése bien puede decir que se sabroso el padecer, que es dulce como miel el dolor.

¡Qué bien se vive junto a la Cruz de Cristo!

¡Déjame seguir junto a tu Cruz!... Para que en silencio oiga los susurros del amor, del amor humilde, del amor paciente, del amor inmenso, infinito que nos ofrece Jesús con sus brazos abiertos desde la Cruz.

No busco consuelo..., no busco descanso..., sólo quiero amar la Cruz..., sentir la Cruz..., saborear la Cruz...

¡No me desampares cuando desfallezca, Virgen María!

27

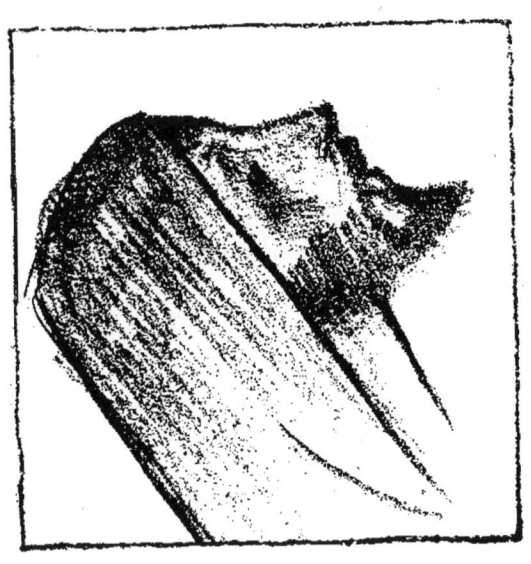

XII ESTACION

Jesús muere en la Cruz

Rostro *agonizante* de Cristo en la Cruz..., que aún clama perdón para mí.

No permitas, Señor, que me aparte de Ti...

XII

Déjame, Señor, vivir junto a tu Cruz...

Qué alegría tan grande es poder vivir al pie de la

Cruz. Allí encuentro a María, a San Juan y a todos sus amadores...

Esté [yo] siempre a la sombra del duro madero, ponga allí a tus pies mi celda, mi lecho... Tenga yo allí, Señor, mis delicias, mi descanso en el sufrir... Riegue el suelo del Calvario con mis lágrimas... Allí no hay dolor, pues al ver el tuyo, ¿quién se atreve a sufrir?

Allí todo se olvida... No hay deseo de gozar, ni nadie piensa en penar... Al ver tus llagas, Señor, sólo un pensamiento domina al alma..., amor... sí; amor para enjugar tu sudor, para endulzar tus heridas, para aliviar tanto y tan inmenso dolor.

¡No permitas, Señor, que me aparte de Ti!...

¡Qué dulce y tranquilo es el sufrimiento pasado en compañía de Jesús crucificado!

¡Es en la Cruz donde siempre he hallado consuelo... Por eso al ver la Escuela Divina de tu Cruz, al ver que es en el Calvario, acompañando a María, donde únicamente puedo aprender a ser mejor, a quererte, a olvidarme, a despreciarme [te pido]: *No permitas que me aparte de Ti*... Oyeme Señor, atiéndeme y no desprecies mis súplicas... Limpia con el agua de tu costado mis enormes pecados, mis ingratitudes; llena mi corazón con tu Sangre Divina y sosiega mi alma que no cesa de clamar: Déjame, Señor, vivir junto a tu Cruz y no permitas que de ella me aparte.

¡Señor Jesús..., mírame a tus plantas adorando tu agonía, besando tus llagas, limpiando con mi dolor tu Divina Sangre... Como quisiera, Señor, morir a tus plantas, de amor..., olvidado de todos, sin ruido, en silencio, sin pensar en los hombres que son criaturas, sin soñar en el mundo que te abandonó, sin mirar a los cielos, ni a las flores, ni a las aves, ni al sol!

¡Señor, quisiera morir de amores a los pies de tu Cruz y subir [hasta Ti] en los brazos de la Santísima Virgen María.

Así sea.

XIII ESTACION

Jesús en los brazos de su Madre

Rostro *desfigurado* de Cristo después de la más horrenda Pasión..., ahora en el regazo de su Madre.

¡Virgen del mayor dolor!... ¡Virgen de la Soledad!... Déjame estar *solo* con El...

XIII

No le bastó a Dios entregarnos a su Hijo en una Cruz, sino que además nos dejó a María...

¿Cómo no bendecir a Dios con todas nuestras fuerzas al ver su gran misericordia para con el hombre, poniendo entre el Cielo y la Tierra a la Santísima Virgen?...

Aprendamos ahí [en el Calvario], a acompañar a Jesús en la Cruz y a María, cuya alma más en el Cielo que en la tierra, nos enseña su *soledad*...

¡*Soledad!*...

Cuántas cosas se le ocurren a mi alma a propósito de esta palabra...

¡Qué grande es Dios!... ¡Qué bien hace las cosas!...

Lo que al principio nos cuesta, lo que tantas lágrimas nos ha hecho derramar... Bendita *soledad* con Cristo. Es nuestro mayor consuelo en la Tierra...

En esa *soledad* goza el alma del enorme consuelo de saberse sola con Él... ¿Qué más quieres? ¿Qué pueden dar los hombres?... ¡Qué divina escuela es la *soledad* para aprender a conocer a Dios y para no esperar nada del mundo!

¡Bendita *soledad* que nos acerca a Dios y nos desprende de las criaturas!... ¡Qué ceguera tan grande es buscar a Dios entre consuelos humanos!... ¡Qué claramente se llega a ver que es en la *soledad* de todo donde de veras se encuentra a Dios!...

¡Infinita bondad del Eterno, que, sin merecerlo, nos coloca en esas regiones de las soledades, para allí hablarnos al corazón!... ¡Infinita paciencia la de Dios, que día tras día, noche tras noche, va persiguiendo a las almas, a pesar de las caídas de éstas, a pesar de las ingratitudes y los egoísmos, a pesar de los obstáculos que continuamente le ponemos, a pesar de escondernos muchas veces, no a su castigo, sino, vergüenza dá decirlo, a su gracia... [Y] es precisamente *sola* donde Él la quiere...

La Virgen del mayor dolor... La Virgen María, estrella que guía a los navegantes, nos conducirá e iluminará en la noche de nuestras soledades.

31

XIV ESTACION

Jesús en el sepulcro

Rostro *plácido* y bellísimo de Cristo después del doloroso triunfo de la Cruz y que quiere ocultarse en el sepulcro a las miradas profanas del mundo...

Enciérrame, ocúltame contigo, Señor...

XIV

Para el alma enamorada de Dios, para el alma que ya no ve más arte, ni ciencia que la vida de Jesús;